OBJECTIF BAC

Économie

1re STMG

Mon livret de révisions

hachette TECHNIQUE

Sommaire

Quelles sont les grandes questions économiques et leurs enjeux actuels ?

Comprendre le thème !

• Ce premier thème permet de présenter l'objet de l'économie en tant que science et de réfléchir à ses enjeux actuels dans un monde en mutation : comment répondre aux besoins des individus ? Comment les consommateurs et les producteurs décident-ils ? Où et comment les échanges économiques s'organisent-ils ?

LE SYSTÈME ÉCONOMIQUE…

… permet de répondre au problème économique :
- nous faisons face à des **besoins illimités** ;
- nous devons faire des **choix** sous contraintes pour savoir comment les satisfaire ;
- la société s'organise en **agents économiques** pour remplir les grandes fonctions économiques ;
- la production de **biens** et de **services** rares permet de satisfaire les agents, en effectuant des **arbitrages** entre leurs coûts et leur disponibilité limitée.

… permet de comprendre les décisions du consommateur :
- il est **rationnel** et effectue des choix en fonction de ses **préférences** et des **coûts d'opportunité** de ses choix ;
- il souhaite avoir la plus grande **satisfaction** possible par la consommation selon ses choix (maximiser son **utilité**) ;
- il a des déterminants pour effectuer ses choix : **utilité marginale** et préférences individuelles, budget, prix des produits ;
- il maximise sa consommation sous contrainte de son **budget**.

… permet de comprendre les décisions du producteur :
- il est **rationnel** et effectue des choix en fonction de ses **contraintes** et des **coûts d'opportunité** de ses choix ;
- il souhaite avoir le plus de **profits** possibles (maximiser son profit) ;
- il a des déterminants dans ses choix de production : quantité et coût des **facteurs de production**, prix du produit fabriqué ;
- il maximise sa production et son profit quand le **coût marginal** égale la recette marginale.

… permet de comprendre l'organisation des échanges économiques :
- les **producteurs**/les **pays** se spécialisent selon leurs coûts d'opportunité ;
- cette **spécialisation** suppose des échanges pour obtenir les produits non fabriqués (commerce international) ;
- les **échanges** s'effectuent sur un marché et se matérialisent par des **flux**, réels ou monétaires ;
- ces échanges sont schématisés dans le **circuit économique** ;
- la **monnaie** facilite les échanges.

• Ce thème est donc primordial pour comprendre les enjeux de l'économie et avoir une première approche des grands acteurs du système économique et de leurs fonctions. La monnaie est un instrument essentiel de ce système au travers de ses trois rôles.

BON À SAVOIR !

A **Agent économique :** individu ou groupe d'individus qui s'organise pour satisfaire ses besoins en prenant des décisions économiques de manière autonome.

B **Besoin :** sensation de manque que la consommation d'un bien ou d'un service peut permettre de combler et de satisfaire.

Biens : produits matériels permettant de combler nos besoins. Ils peuvent être libres ou économiques.

C **Circuit économique :** représentation schématique de l'économie qui décrit les échanges de flux, réels et monétaires, entre les agents économiques.

Contraintes économiques : ensemble des critères à prendre en compte par les agents économiques pour effectuer leurs choix et leurs arbitrages.

Coûts d'opportunité : perte des biens auxquels on renonce lorsqu'on procède à un choix.

F **Facteurs de production :** ensemble des ressources nécessaires pour produire (travail, capital et terre).

Flux économiques : représentation des mouvements de biens et de services et des mouvements de monnaies dans un circuit économique.

M **Marché :** lieu réel ou fictif de rencontre entre un offreur et un demandeur.

Monnaie : moyen de paiement dont disposent les agents économiques pour acquérir un bien ou un service.

P **Préférences individuelles :** jugement ou sentiment par lequel un individu place une personne ou une chose au-dessus des autres.

Production : processus de fabrication de biens et services par la combinaison de facteurs de production. Elle peut être marchande (échangée sur le marché contre le paiement d'un prix) ou non marchande (fourniture d'un bien ou d'un service de manière gratuite ou quasi gratuite).

R **Raisonnement marginal du producteur :** le producteur produit des biens et des services jusqu'au moment où la recette d'une unité supplémentaire fabriquée (recette marginale) égale le coût de fabrication de cette unité supplémentaire (coût marginal).

S **Services :** prestation économique intangible et non stockable ne nécessitant pas la transformation de produits matériels.

Spécialisation des producteurs : tendance pour les pays et pour les producteurs à produire seulement les biens et services pour lesquels ils disposent d'un avantage relatif.

U **Utilité :** fonction de mesure du bien-être ou de la satisfaction obtenue par la consommation d'un bien ou d'un service.

On se projette dans l'avenir...

Si ce thème d'économie vous a plu...

... approfondissez votre réflexion sur la manière dont vous pouvez satisfaire vos besoins en ayant un comportement d'achat plus écoresponsable.

Notions à maîtriser pour la Terminale :

les défaillances de marchés, l'asymétrie d'informations, les biens et services, les importations/exportations, la spécialisation par segment de production.

L'économie au quotidien

L'économie sociale et solidaire

Dans un monde où l'application de la rationalité économique a montré ses limites, de nouvelles formes de pratiquer l'économie se sont développées : l'Économie Sociale et Solidaire (ESS) en fait partie.

L'économie sociale et solidaire, des principes et des valeurs revendiqués

- Une finalité orientée vers **l'intérêt général**
- Une **gouvernance démocratique** fondée sur le principe « une personne = une voix »
- **Une primauté de la personne humaine** sur le capital
- **Une lucrativité limitée**
- **Un ancrage territorial fort**
- **Un esprit de libre adhésion**

L'ESS, comment ça marche ?

L'ESS regroupe une multitude d'acteurs (fondations, associations, entreprises sociales, coopératives).
Ses objectifs sont multiples :

Favoriser l'insertion dans l'emploi

Améliorer les conditions de vie

Lutter contre la pauvreté et l'exclusion

Œuvrer pour un futur désirable

Vidéo
hachette-clic.fr/22ecorev01
L'économie sociale et solidaire, le business autrement
(11'38)

On se challenge !

... Et on s'autoévalue !
Les réponses !
hachette-clic.fr/22ecorev02

Mini cas 1

À l'occasion de la journée nationale de lutte contre le gaspillage alimentaire, le ministère de l'Agriculture et de l'Alimentation a fait le point sur ce fléau. Un Français jette environ 20 kg d'alimentation par an, dont 7 kg sont des aliments non consommés et encore emballés. Le coût annuel de ce gâchis est estimé entre 12 et 20 milliards d'euros, soit 100 à 160 € par personne.

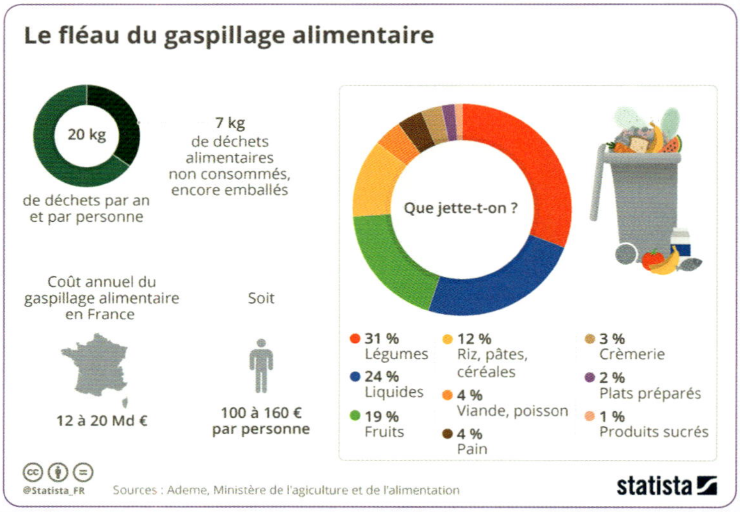

Statista, 2018

1. Rappelez ce qu'est la rationalité.
2. Déterminez si le gaspillage alimentaire est un comportement rationnel.
3. Listez les agents économiques concernés par le gaspillage.

Mini cas 2

Vous cassez votre tirelire Bayonne, du nom du personnage du dessin animé préféré de votre enfance. Elle est sur votre bureau depuis 10 ans. Et la surprise est grande ! Vous avez accumulé 500 euros au fil des années, grâce aux anniversaires et autres fêtes. Vous hésitez entre :
– acheter la console de jeu de vos rêves ;
– placer cette somme sur un livret d'épargne pour financer votre permis de conduire ;
– garder la somme de côté pour vos plaisirs ponctuels, sans tout dépenser d'un coup : séances de cinéma, restaurant, un peu de tout cela à la fois.

1. Montrez que chacun des choix à faire présente des coûts d'opportunité.
2. Anticipez les échanges de flux qui se réaliseront quand vous utiliserez cette somme dans les trois cas envisagés.
3. Montrez que l'on retrouve les trois fonctions de la monnaie dans cet énoncé.

Comment la richesse se crée-t-elle et se répartit-elle ?

Comprendre le thème !

- La **richesse** correspond à la capacité à satisfaire les besoins des **agents économiques**. Ce thème traite de la manière dont elle est créée, mesurée puis répartie.
- La **production** désigne le processus par lequel des ressources sont combinées entre elles pour transformer des biens et services en des produits plus élaborés.
- Ces ressources, dites **facteurs de production**, se composent essentiellement de la main-d'œuvre (facteur travail) et des machines (facteur capital), et sont mobilisées à part variable en fonction des choix du producteur. Ce dernier n'a de cesse d'accroître sa **capacité productive** afin de générer des gains de productivité, source de **profit** et de **croissance économique**.

Le **PIB** (à l'échelle d'un pays), un indicateur fondamental mais limité dans son contenu

La **valeur ajoutée** (à l'échelle d'un producteur)

Permettent de mesurer la **richesse créée**, qui est ensuite :

1. Partagée entre les agents économiques sous forme de revenus primaires (revenus du travail, du capital et mixtes)

2. Ponctionnée par l'État selon les règles fiscales, puis redistribuée sous forme de revenus de transfert

Le revenu ainsi obtenu est celui qui pourra être consommé ou épargné et forme le **revenu disponible brut**.

On se challenge !

... Et on s'autoévalue !
Les réponses !
hachette-clic.fr/22ecorev03

Mini cas

Complétez les définitions ci-dessous à l'aide des mots suivants :
gains de productivité ; PIB ; croissance ; revenus ; production ; capital circulant.

- La .... se mesure par la valeur ajoutée.
- Les .... font augmenter la valeur ajoutée.
- Déduit du chiffre d'affaires, le .... permet de calculer la valeur ajoutée.
- Le .... est la somme des valeurs ajoutées.
- La .... correspond à une augmentation durable de la valeur ajoutée des entreprises.
- Les .... sont issus de la répartition de la valeur ajoutée.

L'économie au quotidien

Le calcul du PIB

Le calcul du PIB obéit à des **règles strictes**, édictées par l'ONU, qui sont les mêmes pour tous les pays. Au sein de l'Union européenne, le respect de ces règles est contrôlé par Eurostat, et en France c'est l'**Insee** (Institut national des statistiques et des études économiques) qui est en charge des calculs.
Et ce n'est pas une mince affaire, puisqu'il faut **trois ans** pour fournir le PIB exact d'une année, au gré de l'arrivée échelonnée de **données fiables et définitives**. Le PIB de l'année N ne sera donc définitif que trois ans après.

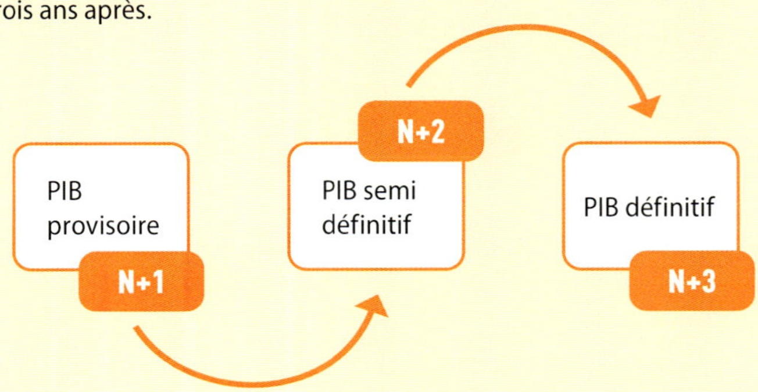

L'Insee

Créée en **1946** et rattachée au ministère de l'Économie et des Finances, l'Insee est une **administration** chargée de la **comptabilité du pays** tout comme un comptable l'est pour une entreprise. À ce titre, elle retrace et diffuse dans des comptes les activités de l'ensemble des agents économiques résidents (est résident l'agent économique qui exerce une activité économique pendant plus d'un an sur le territoire français). Cet ensemble de comptes constitue ce que l'on appelle la « **comptabilité nationale** ». Le PIB est un agrégat obtenu par combinaison de divers postes de la comptabilité nationale.

Site internet

hachette-clic.fr/22ecorev04

Les principaux indicateurs de conjoncture économique

On se projette dans l'avenir...

Si ce thème d'économie vous a plu…
… renseignez-vous sur les métiers de logisticien, de statisticien (l'Insee recrute !) ou encore de fonctionnaire des impôts.

Notions à maîtriser pour la Terminale :
les échanges internationaux, le marché du travail (facteur travail), les politiques économiques et la politique sociale.

BON À SAVOIR !

C

Capital circulant : biens et services transformés ou détruits au cours d'un cycle de production.

Capital fixe : biens durables utilisés pour produire, c'est-à-dire réutilisables sur plusieurs cycles de production.

Combinaison productive : proportion variable de capital et de travail utilisée pour produire.

I

Investissement : accumulation de capital fixe.

P

PIB : indicateur économique qui mesure la production de richesse sur un territoire donné durant une période déterminée.

Productivité : capacité à produire d'un facteur de production.

R

Redistribution : mécanisme tendant à résorber les inégalités de richesse par lequel l'État ponctionne une partie des revenus primaires des ménages pour les reverser à d'autres.

Revenus de propriété ou de capital : revenus générés par la détention d'un actif.

Revenus de transfert : revenus issus de la redistribution.

Revenus de travail : revenu perçus par les ménages en échange de leur travail.

Revenu disponible : revenu obtenu après redistribution correspondant à ce qu'un ménage peut consommer ou épargner.

Revenus mixtes : revenus perçus par les entrepreneurs individuels et les professions libérales dont l'activité combine simultanément leur travail et leur patrimoine.

Revenus primaires : revenus issus du partage de la valeur ajoutée, perçus en contrepartie de la participation à la production.

V

Valeur ajoutée : richesse produite lors du processus de production.

Comment les ménages décident-ils d'affecter leur revenu ?

Comprendre le thème !

- Le revenu des ménages se partage entre **consommation** et **épargne** :

REVENU DES MÉNAGES

Consommation
= propension moyenne à consommer

Épargne
= propension moyenne à épargner

→ Patrimoine

- Les ménages qui disposent de revenus suffisants peuvent épargner davantage. En conséquence, les ménages ayant accumulé de l'épargne, et ceux qui ont bénéficié d'héritages conséquents, peuvent plus aisément accumuler du **patrimoine**.
- Les **variables** économiques, sociales et démographiques affectent cet arbitrage entre le présent et le futur et ont un impact sur la **structure de la consommation et de l'épargne**.
- Cette structure de consommation s'illustre au travers des **coefficients budgétaires**. Ces dernières décennies, elle a fortement évolué sous l'effet conjugué de plusieurs paramètres (nouveaux besoins, évolution des prix, choix de consommation…).

BON À SAVOIR !

C

Coefficient budgétaire : part du budget d'un ménage dédiée à l'achat d'un produit (bien ou service) ou d'une famille de produits dans son budget total.

Consommation : partie du revenu disponible utilisée par les ménages pour acquérir des biens et des services afin de satisfaire leurs besoins.

E

Épargne : part du revenu qui n'est pas consacrée à une consommation immédiate. On distingue l'épargne financière de l'épargne non financière.

I

IPC (Indice des prix à la consommation) : mesure l'évolution du niveau moyen des prix des biens et services consommés par les ménages.

P

Patrimoine : ensemble des biens possédés par un ménage.

Pouvoir d'achat : correspond à la quantité de biens et de services qu'un revenu permet d'acheter.

Prix relatif : prix d'un bien ou d'un service par rapport au prix d'un autre produit.

Propension à consommer : part du revenu affectée à la consommation. On la calcule avec la formule : **C/R**.

T

Taux d'épargne : indicateur qui mesure la part du revenu disponible qui n'est pas utilisée par les ménages en dépense de consommation finale.

L'économie au quotidien

L'évolution du pouvoir d'achat

Le pouvoir d'achat a été multiplié par 5 en moyenne entre 1960 et notre époque. Par ailleurs, la structure même du pouvoir d'achat a été modifiée. La part des dépenses liées à la satisfaction des besoins non essentiels a augmenté (ex : services) tandis que celle dédiée à la satisfaction des besoins essentiels a diminué (ex : alimentation).

Années 1960

Le pouvoir d'achat a **augmenté** sur la période considérée

2022

- **Baisse** du poids de l'alimentation et de l'habillement.
- **Hausse** du poids du logement, de la santé et de la communication
- **Part plus importante** dédiée aux services

On se projette dans l'avenir...

Si ce thème d'économie vous a plu…

… vous avez la possibilité de vous orienter vers des métiers en lien avec la finance et la gestion de patrimoine, par exemple dans le domaine de la banque ou de l'assurance.

Notions à maîtriser pour la Terminale :

le calcul des propensions marginales à consommer est essentiel pour évaluer l'efficacité des politiques économiques, comme cela sera montré précisément dans le thème 6 de Terminale.

On se challenge !

… Et on s'autoévalue ! Les réponses !

hachette-clic.fr/22ecorev05

Mini cas 1

Alexandre dispose d'un revenu de 1 500 €. Il met de côté 200 € par mois. Ce mois-ci il a été augmenté de 150 €. Il envisage d'épargner 80 € de la somme reçue.

1. Calculez la propension moyenne à épargner d'Alexandre.
2. Calculez sa propension marginale à épargner.

Mini cas 2

Anaïs épargne en vue d'acheter son appartement. Par ailleurs, elle avait déjà épargné une partie de la somme reçue en héritage en cas de coup dur à surmonter.

→ Caractérisez les formes d'épargne chez Anaïs.

Mini cas 3

La famille Ayadi perçoit un revenu disponible de 2 200 €. Elle dépense chaque mois 1 500 €. Chaque semaine, la famille dépense 90 € dans les courses. Par ailleurs, l'ensemble des forfaits téléphone et Internet s'élève à 120 € dans le foyer.

1. Calculez le coefficient budgétaire des postes « alimentation » et « communication » dans le budget de la famille Ayadi.
2. À quoi faut-il s'attendre, selon la loi d'Engel, si les revenus du ménage augmentent ?

Quels modes de financement de l'activité économique ?

Comprendre le thème !

- Trois acteurs interviennent principalement dans la vie économique d'un pays : les **ménages**, les **entreprises** et les **administrations publiques**. Pour réaliser leurs activités économiques, tous les agents économiques ont besoin de se financer.
- On distingue deux façons de se financer pour une entreprise :

Mode de financement d'une entreprise
- Interne
- Externe
  - **Système bancaire** (financement indirect ou intermédié)
  - **Marché financier** (financement direct)

- Pour préserver la stabilité du système bancaire d'un pays ou d'une zone monétaire (ex : la zone euro), une **banque centrale** coordonne et surveille l'ensemble des banques placées sous son autorité. Au sein de la zone euro, cette mission est confiée à la Banque centrale européenne (BCE).

On se challenge !

... Et on s'autoévalue ! Les réponses !
hachette-clic.fr/22ecorev06

Mini cas 1

Alexandre souhaite s'acheter une trottinette électrique. Il a repéré un modèle à 1 500 euros. Il a de côté 750 euros.

1. Qualifiez la situation financière d'Alexandre.
2. Vers quel agent économique Alexandre pourrait-il s'adresser pour financer son projet ?

Mini cas 2

L'entreprise de Sophie souhaite investir dans une nouvelle usine. Elle décide de procéder à l'émission de nouvelles actions.

1. Identifiez la forme de financement utilisée par l'entreprise de Sophie.
2. Sur quel compartiment du marché financier l'entreprise va-t-elle réaliser cette opération ?

Mini cas 3

L'entreprise de Soumia a décidé de se lancer dans un emprunt obligataire. Chaque obligation coûte 20 euros et rapporte un intérêt de 5 % par an sur une durée de 5 ans.

1. Distinguez l'action de l'obligation.
2. En admettant que Soumia achète 45 obligations, calculez ce que ces titres lui rapporteront au bout d'un an / au bout des cinq ans.

L'économie au quotidien

Le processus de création monétaire : « les crédits font les dépôts »

L'expression « les crédits font les dépôts » désigne la capacité des banques à créer de la monnaie. Lorsqu'elle accorde un prêt, la banque vire la somme correspondante sur le compte de son client, somme qui dans ses comptes ne correspond pas nécessairement à des dépôts préexistants. Ce faisant, elle a créé de la monnaie nouvelle. Le remboursement du prêt a l'effet inverse, il détruit de la monnaie.

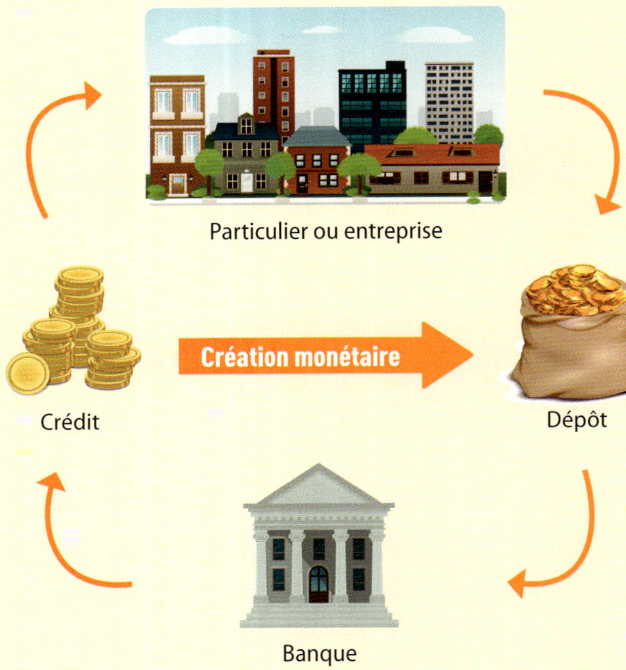

BON À SAVOIR !

A **Actif financier :** titre financier (ex : action ou obligation) qui est négociable sur les marchés financiers.

Autofinancement : ensemble des ressources internes qui permettent à un agent économique de financer un investissement.

B **Banque centrale :** institution publique (« banque des banques ») qui a pour but de mettre en œuvre la politique monétaire et de gérer les systèmes de paiement.

Besoin de financement : situation d'un agent économique dont les dépenses sont supérieures aux ressources.

C **Capacité de financement :** situation d'un agent économique dont les ressources dépassent les besoins.

F **Financement :** activité consistant à fournir des fonds (de l'argent) à quelqu'un pour qu'il/elle puisse réaliser une opération économique.

M **Marché primaire :** « marché du neuf » où sont échangés pour la première fois les titres financiers.

Marché secondaire : « marché de l'occasion » où sont échangés les titres déjà émis.

On se projette dans l'avenir...

Si ce thème d'économie vous a plu…

… vous avez la possibilité de vous orienter vers des métiers en lien avec le domaine de la banque (ex. : conseiller bancaire). Pour ce faire, orientez-vous, après votre bac, vers un BTS « Banque et conseiller clientèle ». Vous pouvez également choisir des filières plus généralistes avant de vous spécialiser (ex. : BUT « Technique de commercialisation »).

Notions à maîtriser pour la Terminale :

l'identification du rôle de la Banque centrale, les politiques économiques de l'État et de l'Europe.

Les marchés des biens et services sont-ils concurrentiels ?

Comprendre le thème !

• Pour lutter contre la **concurrence**, les entreprises **innovent** et ainsi tentent d'obtenir un **pouvoir de marché**. Mais dans le même temps, cette recherche d'innovation permet d'abaisser les prix et d'offrir aux **consommateurs** de nouveaux produits meilleurs en qualité et en contenu technologique.

Pour que les marchés des biens et service soient concurrentiels, il faut :

- Des entreprises innovantes qui vont stimuler la concurrence
- Un nombre d'offreurs et de demandeurs important
  - Un nombre d'offreurs insuffisant conduirait à des situations d'oligopole ou de monopole
  - Si le marché est concurrentiel, le prix converge vers le coût marginal de production.
    - Ce sera donc plus avantageux pour le consommateur qu'un prix de concurrence imparfaite ou celui d'un monopoleur.

• Pour mesurer la **concentration de la concurrence** sur un marché, on peut calculer l'indice de concentration de ce marché qui permettra d'identifier des situations où le marché n'est pas suffisamment concurrentiel.

On se challenge !

... Et on s'autoévalue !
Les réponses !
hachette-clic.fr/22ecorev07

Mini cas 1

Avec l'envolée du prix des matières premières, l'entreprise Dubois doit relever ses prix de vente. En janvier, elle a fabriqué 150 produits à un coût moyen de 93 €, en février 130 produits à un coût moyen de 101 €, et en mars 170 produits à un coût moyen de 109 €.

1. Calculez le coût moyen des produits fabriqués de janvier à mars.
2. Fixez le prix de vente si l'entreprise applique un taux de marge de 20 %, ou un taux de 25 %.

Mini cas 2

Fin 2019, Orange est le premier opérateur du marché du haut débit et très haut débit, avec 41,6 % de parts de marché. Suivent derrière Free (22,2 %), SFR (21,9 %) et Bouygues Telecom (13,4 %).

1. Calculez l'indice de concentration du marché.
2. Commentez le résultat et caractérisez la structure de ce marché.

Mini cas 3

Pour se développer, l'entreprise Dubois souhaite se différencier de ses concurrents. Elle envisage de se positionner en proposant une offre de meilleure qualité que la concurrence.

→ Présentez les deux formes possibles de stratégie de différenciation.

L'économie au quotidien

L'évolution d'Apple entre 1997 et 2022

Cette success story d'Apple, qui fait passer la société d'une quasi-faillite en 1997 à une valeur de 3 000 milliards de dollars en 2022, repose sur un **processus d'innovation continu** qui place l'**expérience client** au premier plan et qui rend la technologie simple d'utilisation.

- **2001** IPod, l'innovation qui a sauvé Apple de la faillite.
- **2003** ITunes, une nouvelle manière de consommer la musique.
- **2007** IPhone, le premier smartphone qui révolutionne le monde de la téléphonie.
- **2008** Apple est le premier vendeur de musique aux États-Unis grâce à l'iPod.
- **2010** IPad, la tablette numérique qui bouleverse les usages informatiques.
- **2014** Apple Watch, la montre connectée qui ne fait pas que donner l'heure.
- **2016** AirPods, les écouteurs qui rendent les fils obsolètes.
- **2020** Apple M1, la puce d'ordinateur la plus puissante et la plus économe en énergie.

Barrières à l'entrée et marché contestable

Les barrières à l'entrée sont les **obstacles** qui rendent difficiles l'entrée sur un marché d'un nouveau concurrent. Ce concept est souvent associé à la théorie des marchés contestables. **Pour qu'un marché soit contestable, l'entrée et la sortie du marché doivent être aussi libres que possible**. La concurrence ne dépend donc plus du nombre d'offreurs et de demandeurs mais de la contestabilité du marché. Avec le développement du numérique, on constate par exemple que des marchés difficiles d'accès deviennent aujourd'hui contestables (ex : BlablaCar a pu s'introduire sur le marché du transport de voyageurs et concurrencer la SNCF).

On se projette dans l'avenir...

Si ce thème d'économie vous a plu…
… vous pouvez envisager de poursuivre vos études en intégrant une classe prépa ECT pour ensuite entrer dans une école de commerce.

Notions à maîtriser pour la Terminale :
la concurrence, la loi de l'offre et de la demande, l'innovation, le marché pertinent.

BON À SAVOIR !

B

Barrières à l'entrée : obstacles qui rendent difficiles l'entrée sur un marché.

C

Cartel : entente illicite entre des entreprises pour fausser le jeu de la concurrence.

Concurrence : structure de marché qui se caractérise par la rivalité entre des entreprises pour obtenir la préférence des consommateurs.

Coût marginal : mesure du coût de production d'une unité supplémentaire.

E

Élasticité croisée : mesure de la variation de la demande d'un produit X suite à une variation du prix d'un produit Y.

Élasticité prix-demande : mesure de la sensibilité de la demande par rapport à une variation de prix.

I

Indice de concentration sur un marché : indice permettant de mesurer la concentration d'un marché.

Innovation : introduction sur le marché d'un produit ou d'un procédé nouveau ou significativement amélioré par rapport à ceux précédemment élaborés.

M

Marché pertinent : ensemble des produits qui permettent de répondre à un même besoin.

Monopole : structure de marché avec un seul offreur et de nombreux demandeurs.

O

Oligopole : structure de marché avec quelques offreurs et de nombreux demandeurs.

P

Prix d'équilibre : prix qui se forme lorsque les quantités demandées deviennent égales aux quantités offertes.

S

Stratégie de différenciation : stratégie dont l'objectif est de se différencier de la concurrence par une offre qui est reconnue et valorisée par le client.

OBJECTIF BAC

Économie

1re STMG

Mon livret de révisions

hachette
TECHNIQUE